*Coisas que vi,
ouvi, aprendi...*

Âyiné

Giorgio Agamben
Coisas que vi, ouvi, aprendi...
Quel che ho visto, udito, appreso...

© Editora Âyiné, 2023
© Giulio Einaudi editore s.p.a., Torino, 2022
Todos os direitos reservados

Tradução
Julia Scamparini

Preparação
Valentina Cantori

Revisão
Fernanda Morse

Projeto gráfico
Violaine Cadinot

Produção gráfica
Daniella Domingues

ISBN 978-65-5998-096-3

Direção editorial
Pedro Fonseca

Coordenação editorial
Luísa Rabello

Direção de arte
Daniella Domingues

Coordenação de comunicação
Clara Dias

Assistência de design
Laura Lao

Conselho editorial
Simone Cristoforetti
Zuane Fabbris
Lucas Mendes

Praça Carlos Chagas, 49. 2º andar.
Belo Horizonte 30170-140

+55 31 3291-4164
www.ayine.com.br
info@ayine.com.br

GIORGIO AGAMBEN

Coisas que vi, ouvi, aprendi...

Tradução
Julia Scamparini

Âyiné

SUMÁRIO

7   Coisas que vi, ouvi, aprendi...

69   Coisas que não vi, ouvi, aprendi...

COISAS QUE VI, OUVI, APRENDI...

Em San Giacomo da l'Orio, ouvi os sinos. Das duas maneiras que os religiosos escolheram para convocar seu povo, a voz e os sinos, a última me é tão familiar que não consigo escutar e não sentir ternura. A voz é demasiado direta, e, quando me convoca, quase indiscreta. Já os sinos não proferem palavras que devem ser compreendidas, não convocam — muito menos a mim. Acompanham-me, enredam-me com aquela sua batida impetuosa que logo tão suavemente — sem motivo, como quando começou — extingue-se. Que é possível dizer algo sem a necessidade de falar — é isso que para mim são os sinos, foi o que ouvi em San Giacomo da l'Orio.

Em Roma ouvi alguém dizer que a terra é o inferno de um outro planeta desconhecido e a nossa vida é o castigo que os condenados de lá padecem por seus pecados. Mas então para que o céu e as estrelas e o canto dos grilos? A não ser que se acredite que, para a pena ser ainda mais atroz e sutil, o inferno tenha sido posto justamente no paraíso.

Em Grishneshwar, bem na entrada do templo, vi uma cabrita esbelta, hesitante, divina. Depois de me olhar por alguns segundos, questionadora, seguiu em frente, ligeira.

Com Giovanni, aprendi que é possível se apaixonar pelos próprios erros ao ponto de torná-los uma razão de viver — mas que, no fim, isso significa que a verdade só poderá surgir como desejo de morrer. E com Bachelard, que não existe uma verdade prima, existem apenas erros primos. A verdade é sempre última, ou penúltima.

Em Scicli, vi que as pedras são mais macias que a carne, e a palha é mais luminosa que o sol. Vi que Nossa Senhora monta a cavalo e apunhala os infiéis com a espada. E que, na acrópole, a igreja de São Mateus está à espera de algo que nunca acontecerá.

Por toda parte, nas cidades do mundo, vi que os homens caluniam e acusam uns aos outros e, por isso, sofrem julgamento e condenação, sem nunca ter descanso nem piedade.

Com o gnóstico Apeles, aprendi que o conhecimento — até mesmo o de Deus — não existe e, se existe e se mantém conhecimento, não tem importância: o que é decisivo é só o «ser impelido», o impulso que dele recebemos.

Em Göreme, na igreja da Fibbia, vi o rosto do santo. Depois de olhá-lo, não é possível não crer nele. Do mesmo modo, há uma palavra que, ao escutá-la, não é possível não crer que é verdadeira.

Com Ingeborg, aprendi que a cidade em que vivemos é como uma língua, com seu antiquíssimo centro harmonioso e, ao redor e mais ao longe, os postos de gasolina, os entroncamentos, as horríveis periferias. E que temos que nos resignar à sua feiura, assim como aceitamos a má língua que nos rodeia, para talvez encontrar, um dia, a cidade perfeita, a língua que nunca antes reinou. E por isso não é possível saber por que vivemos em determinado lugar, por que falamos determinada língua.

Uma noite, na Fondamenta delle Zattere, ao espiar a água pútrida voltando sem parar para lamber a *fondamenta*, vi que nós existimos só nas intermitências do nosso estar, vi que o que chamamos de «eu» é apenas uma sombra sempre ausente ou prenunciada, consciente apenas de seu desaparecer. Toda a máquina de nosso corpo serve apenas para fornecer ao «eu» o interstício e o inverso do repouso onde mora — ele, intercessor da sua ausência, inesquecível, que não vive e não fala e para o qual há apenas datas e vida e palavra.

Com Espinosa aprendi que consideramos as coisas de duas formas: na medida em que as vemos em Deus como eternas, e na medida em que as conhecemos no espaço e no tempo, limitadas, finitas e como se fossem ceifadas por Deus. Mas amar alguém verdadeiramente significa vê-lo em Deus e no tempo simultaneamente. Ternura e sombra de sua existência aqui e agora — âmbar e cristal do seu estar em Deus.

Em Cala Felci, nos *faraglioni* de Lucia Rosa, em Cala Inferno, olhei por bastante tempo as cores — ou seja, a felicidade.

Em Ajanta, na penumbra do templo escavado na rocha, vi o rosto do Buda. Na postura de lótus, ou sentado, ensinando. Assim que os olhos começaram a perceber a luz dourada que emanava da pedra, entendi o que significa contemplar, tornar inoperante não só a mente, mas com ela também o corpo. No instante da contemplação — o eterno — não é mais possível distinguir entre corpo e mente — e isso é a bem-aventurança.

Com os Evangelhos, que os homens não devem julgar uns aos outros, mas amar uns aos outros, e que o julgamento é a punição em que incorrem toda vez que se afastam do amor.

Com Franco: que o importante não é o «como se», e sim o «como se não»: «como se não fôssemos um Reino». Quem queria que nos contentássemos com uma «salvação como se», engana-nos com respeito à única verdade que conta: que nós já somos um Reino. «Já que não somos um Reino», dita a moral, «temos que agir como se fôssemos». O justo diz, no entanto, que nós somos um Reino, mas que, exatamente por isso, vivemos como se não fôssemos um Reino, como se Ele não conhecesse outro caminho que não o nosso.

Em Weimar, vi que Buchenwald está tão perto que, na memória, confunde-se com a casa de Goethe, e já não é possível distingui-los.

Com Anna Maria Ortese: que escrevemos para sair da vida adulta e reconstruir o paraíso infantil. Mas que quando finalmente reencontramos as cantigas de roda e nos pomos a recitá-las, voltamos a ser, novamente, amargamente adultos.

Em Veneza, vi que os homens são múmias e que a cidade é um espectro. Portanto, mais viva do que eles — especialmente à noite.

Em Le Thor, em 1966, vi o céu noturno perfurado de incontáveis estrelas. E prometi ser fiel a ele. No mesmo lugar, naquele mesmo ano, agarrei pela mão a filosofia ocidental antes que se afogasse e desaparecesse para sempre.

Em Paris, vi que a religião mais intolerante é o laicismo, que uma garota com um lenço na cabeça é capaz de escandalizar mais do que o policial que a mata.

Com os filósofos indianos aprendi que, ao reencarnar, a alma esquece sua vida imediatamente anterior, mas que, no último degrau, quando se torna musgo, o musgo lembra-se de quando era humano.

Nas necrópoles da Tuscia, nas igrejas escavadas nas rochas da Capadócia e, muitos anos antes, em Lascaux, vi que entre a caverna e o espírito há um nexo imediato, tão forte quanto o que une o céu à mente.

Escrevendo, aprendi que a felicidade não consiste em poetar, mas em ser poetado por algo ou alguém que não conhecemos.

Em Viena, no verão, muitos anos atrás, conversando com um amigo, entendi que estar à altura da parcela de bem que há em nós é tão importante quanto estar à altura da nossa lama, da nossa abjeção. Só a primeira coisa nos dá força para aceitar a segunda, mas só a conscientização da segunda torna a primeira verdadeira.

Com a infância: que a palavra é a única coisa que nos resta da época em que ainda não éramos falantes. Todo o resto, perdemos — mas a palavra é a relíquia ancestral que conserva a lembrança da infância, a pequena porta através da qual podemos, por um instante, retornar a ela.

Com Erígena, com Elia del Medigo, com Albalag, com Spinoza: que a única doutrina sensata sobre Deus é o panteísmo. O que não significa identificação inerte entre Deus e a natureza, mas sim o fazer-se e modificar-se de Deus nas coisas, e das coisas em Deus. Ao criar a si mesmo, Deus cria o mundo e, ao criar o mundo, cria a si mesmo e «começa a aparecer em suas teofanias, tudo está em tudo e em todo lugar, criador e criatura, quem vê e quem é visto, substância e acidente... em toda criatura que cria e dentro de toda criatura criada», ao mesmo tempo naturente e naturado. E Deus perde-se em suas maneiras e as maneiras perdem-se em Deus, e só essa profusão é verdadeiramente divina, o desaparecer e o esquecimento dele nos outros e dos outros nele.

Com Kavafis, que o importante não é que a obra que deixamos seja lida e compreendida, mas que um dia, sobre a terra, alguém como nós viva e faça, livremente, sem nenhum obstáculo, o que tentamos viver e fazer: «Talvez tanta dor, tanto esforço | para entender-me não valha a pena. | Mais tarde, em uma comunidade melhor | é certo que alguém como eu | chegará, fará — livremente».

Em Alberoni, vi o rosto e o gesto da menina, mudos como o anjo, e tento desde então e não tento compreender. Pois a chave do mistério certamente está nesse rosto, mas se você a tomar em mãos e girá-la, está perdido. Nesse rosto, nesse gesto, impacientemente, à espera, transcorreu toda a minha vida.

Com Mazzarino aprendi que a nossa própria vocação é o nosso próprio limite. É justamente ali onde estamos mais inspirados e acreditamos ir mais fundo — é ali que conhecemos também o nosso próprio limite. Por isso, é importante saber colocar a própria vocação em xeque e, o mais cedo possível, revogá-la.

Com José Bergamín e com os filósofos que amo: que a comédia é mais verdadeira que a tragédia, e a inocência é mais profunda que a culpa. Com o príncipe Sidarta: que existe a ação culpada — o karma — mas não o sujeito — o atma — ao qual imputá-la. Com Elsa: que se você acredita cegamente na ficção, então tudo se torna real.

O que aprendi com o amor? Que a intimidade é algo como uma substância política, do contrário os homens não agiriam como se partilhá-la fosse o bem mais precioso. E, no entanto, ela foi excluída da política e deixada sob os cuidados das mulheres, que, ao que parece, parecem saber mais sobre o assunto. Essa é a prova de que a sociedade em que vivemos é incuravelmente machista e contraditória.

Em Paris, nos quadros de Bonnard, vi que a cor — que é a forma do êxtase — é também inteligência e razão construtiva: bem ao contrário do que se pensa normalmente, «o desenho é a sensação, a cor é o raciocínio». A inteligência não é apenas um princípio cognitivo: é, em seu íntimo, «beatriz», como a chamava Dante. E por isso pode dar forma — à tela assim como à vida.

Com as lendas sobre a morte de Homero: que a luta entre o homem e a linguagem é uma luta até a morte, que o enigma que a existência da linguagem coloca para o homem não pode ser desvendado. E ao mesmo tempo que, no fundo, se trata de uma adivinha pueril, como a que pescadores submetem ao poeta à beira-mar.

Com o andaluz Averróis aprendi que o intelecto é único, e que isso não significa que todos pensam a mesma coisa, mas que, quando pensamos a verdade, a multiplicidade de opiniões apaga-se e no fim não sou mais eu pensando. E, todavia, «não mais eu» significa não apenas que eu estava, mas que de alguma forma ainda estou, uma vez que, diz o andaluz, conjugo com o único não através do pensamento — que é dele e não me pertence — e sim através dos fantasmas e dos desejos da imaginação, que é só minha. E esse também é o sentido da arquitetura árabe: as imaginações dos indivíduos são como as coloridas cerâmicas incrustradas nas paredes da mesquita, ou como os respingos de luz que, escorrendo para dentro através de minúsculas frestas, transcrevem um único e complicado arabesco.

Dos meus contemporâneos italianos adquiri a distração. Já atenção, não encontrei.

No espelho, vi que entre nós e nós mesmos há um pequeno desvio, que é medido pelo tempo exato que levamos para reconhecer nossa imagem. Dessa minúscula fissura provêm, tomados de psicologia, nossas neuroses e nossos medos, os triunfos e os fracassos do ego. Se nos reconhecêssemos instantaneamente, se não houvesse esse intervalo fugaz, seríamos como os anjos, completamente desprovidos de psicologia. E não haveria o romance, que narra — isso é a psicologia — o tempo que os personagens levam para reconhecer e desconhecer a si mesmos.

Com o abade de Fiore: que o novo nunca chega através da destruição do velho, pois a idade vindoura não aniquila a que passa, mas realiza a figura nela contida. E que as idades do mundo se sucedem como grama, talo e espiga.

Durante meus longos momentos de ócio: o que a contemplação contempla. Não um além, onde não há nada a ser contemplado, nem simplesmente os objetos daqui, que só podem ser amados ou odiados. Ela contempla a sensação na sensação, a mente na mente, o pensamento no pensamento, a palavra na palavra, a arte na arte. É isso que a torna tão feliz.

Com Bachofen: que o mito é a exegese de um símbolo e que essa exegese só pode acontecer em forma de narrativa. Nossos teólogos, no entanto, sabem narrar tão precariamente que transformaram a novela de Jesus, tão fantástica e leve, em um *symbolon*, que para eles significa «credo» — isto é, em um pacote de dogmas.

O que a água me ensinou: o deleite, quando a um certo ponto não dá mais pé e o corpo abandona-se quase involuntariamente ao nado.

Com Epicuro e com Fallot, sobre o prazer: o que importa é sua medida mínima, a que coincide com o limite inferior da sensação, a simples e rotineira sensação de existir. Acordar de manhã com essa alegria miúda e ouvir dela, baixinho, o convite à amizade.

Com Lucrécio: que os deuses vivem em um intermundo, em um interstício entre as coisas, que o bom deus não se encontra apenas no detalhe, e sim, principalmente, na tênue fissura que separa cada coisa de si mesma. E que a arte de viver e de se fazer divino implica a capacidade de habitar não a casa, mas a soleira, não o centro, mas a margem — de interessar-se, em uma palavra, não pela santidade, mas pela auréola.

No teatro, ouvindo Callas, entendi que, quando escrevemos, o mais difícil é sustentar por muito tempo a meia voz no registro mais agudo.

Em Peterson eu li que os judeus, por conta de sua incredulidade, retardam o advento do Reino. Mas isso significa que entre a Igreja e a Sinagoga há uma secreta, equívoca solidariedade, pois ambas, por assim dizer, administram o atraso do Reino, sobre o qual fundam sua existência. Como se o Reino fosse um trem, que pode chegar atrasado. É exatamente o contrário: o atraso — a história — é o trem do qual padres e rabinos procuram a qualquer preço não nos deixar descer, para nos impedir de ver que já chegamos, desde sempre.

O que aprendi com a poesia? Que uma tarefa e uma intensidade política podem ser veiculadas somente através da língua, e que essa tarefa — embora seja eminentemente comum — não pode ser atribuída por ninguém: o poeta a assume em nome de um povo ausente. E que hoje não há outra possibilidade política senão essa, pois só através da intensificação poética da língua o povo ausente — por um instante — aparece e socorre.

Com Elsa aprendi também que a inocência é possível somente como paródia e que a paródia é também a única reparação possível de uma infância ferida. E que se você fizer da ficção sua única realidade, encontrará a certeza, mas perderá a esperança.

Com os lugares que você amou e teve que deixar: se, como o gigante da fábula, você esconder o coração neles, você fica invulnerável, certamente, mas correrá o risco de sempre se lembrar — isto é, de voltar ao coração que você quis esconder. E de se tornar, por isso, novamente vulnerável.

Com Ugo de San Vittore: que «é delicado aquele para o qual a pátria é doce, forte aquele para o qual todo solo é pátria, perfeito só aquele para o qual o mundo inteiro é um exílio». Desde que se acrescente que o exílio não leva a outra pátria, celeste: como sugeriam os antigos, é muito mais o estado de quem está só em qualquer lugar ou, segundo a etimologia dos modernos, a condição de quem encontrou uma via de escape.

Com o estilo de Platão: que a filosofia precisa do mito não por ele estar mais próximo à verdade, mas exatamente pelo contrário, porque é indiferente ao verdadeiro tanto quanto ao falso. O mito é antídoto contra a intenção da palavra de enunciar proposições que sejam apenas verdadeiras (ou apenas falsas). Se em uma proposição o que está em questão é uma ideia, então é impossível, como devia fazer seu malicioso discípulo, exigir que ela seja verdadeira ou falsa. Platão sugere que só é filosófico o discurso que, por conter também seu complemento mítico, pode ao mesmo tempo dizer «o verdadeiro e o falso de todo o ser».

Com o século XX: que lhe pertenço, sem dúvida alguma, e o deixei no século XXI só para tomar um ar. O ar, porém, era tão irrespirável que voltei para trás na mesma hora — não de volta ao século XX, mas sim para um tempo dentro do tempo, que não sou capaz de situar em uma cronologia, mas que é o único tempo que agora me interessa.

Com Kafka: que há salvação, mas não para nós: ou seja, que somos salvos só quando a salvação já não nos interessa. É como nas vezes em que desejávamos a todo custo chegar em um determinado lugar, mas depois, durante o percurso, caminhando e vivendo, acabamos por esquecê-lo. Se alguém nos anuncia que chegamos, damos de ombros, como se não nos dissesse respeito.

Em Ponza escutei mulheres analfabetas cantarolando a Bíblia, que conheciam somente pela tradição oral. E vi que os analfabetos são incomparavelmente melhores que os que dizem saber ler e escrever.

Com Francesco: «simplesmente e puramente falar e escrever [...] e, da mesma forma, simplesmente e sem glosa fazer-se compreender». No entanto, tudo o que fazemos é glosar uns aos outros.

Na ilha de Próspero: que assim como o mago, que em dado momento deve separar-se de Ariel e de seus feitiços, chega também para o poeta o momento de despedir-se de sua inspiração. É claro, da mesma forma, a vida também perde seu encanto. Mas o anjo silencioso que toma o lugar de Ariel chama-se: Justiça.

Dito em outras palavras: a filosofia consiste na tentativa dos poetas — tão árdua que quase ninguém consegue — de fazer coincidir a inspiração e a justiça.

Com o viver junto: que a existência do outro é um enigma que não pode ser desvendado, mas apenas compartilhado. A partilha desse enigma — os homens a chamam de amor.

O que a filosofia me ensinou? Que ser homem significa lembrar-se de quando ainda não éramos humanos, que é tarefa do homem a memória do não ainda e do não mais humano — da criança, do animal, do divino.

Com o marionetista Bruno Leone: que o segredo da arte está na transmissão da voz de Pulcinella. Mas essa não é exatamente uma voz, é apenas uma «pivetta», um pequeno carretel achatado coberto de fio que o *guarattellaro*[1] faz aderir ao palato e que, vibrando como uma palheta, produz o inconfundível, galináceo estridor que tanto encanta as crianças. Isso significa que a poesia — que toda arte — consiste na transmissão de uma voz — mas que, na verdade, não há uma voz da poesia, pois o que chamamos de poesia é algo que você põe a certa altura na boca e tem que dominar de um jeitinho pueril.

[1]. Termo napolitano para o fabricante de *guarattelle* (marionetes). [N. T.]

Em Ginostra, o asno me fez lembrar que para os antigos ele fazia parte dos mistérios de Vênus, que o burro era antes de mais nada um animal ritual: *asinus mysteria vehens*, o asno portador de mistérios. E que, enquanto os humanos ao se deparar com o mistério sentem-se superiores ou desmoronam, exaltam-se ou sentem desprezo, é da animalidade portar mistérios sem fazer alarido — genuinamente, com só um toque de desalento.

Assim como o pombo, fomos retirados da arca para ver se na terra tinha sobrado vida, mesmo que só um raminho de oliveira que desse para pegar com o bico — mas não encontramos nada. E, todavia, não quisemos voltar para a arca.

COISAS QUE NÃO VI, OUVI, APRENDI...

Muitos anos atrás, minha mãe me deu para ler um escrito de infância que ela manteve guardado em uma gaveta. A leitura me deixou tão perturbado que precisei imediatamente afastar os olhos. O papel continha a descrição exata do que naquela época me pareceu claramente constituir o centro secreto do meu pensamento. Como a mão hesitante de um menino de oito ou nove anos tinha sido capaz de definir com tamanha precisão o nó mais íntimo e intrincado cujo lento e laborioso desenrolar seria representado em todos os meus — os seus — futuros livros? Devolvi o papel à minha mãe sem dizer nada, e desde então não o vi mais. Não creio que seja possível reencontrá-lo, mas sei que, com ele, também se perdeu o meu segredo. A única coisa de que me lembro é que consistia em uma espécie de vazio central, uma suspensão ou um desvio, como se o papel tivesse repentinamente ficado branco. Como se no centro de tudo o que eu tentei viver e escrever houvesse um instante, talvez só um quarto de segundo, perfeitamente vazio, perfeitamente inabitável.

✳

O que estava expresso ali era tão incandescente que para mim foi inevitável recuar, abdicando mentalmente do que eu havia lido e quase pronunciado com os lábios. Ou, mais do que isso, era como se a própria mão do menino — a minha mão — tivesse apagado com a borracha, sob os meus olhos, o que ele havia oferecido à escrita, de modo que ficou na memória apenas um vazio, apenas o branco. Por que tive tanta pressa em afastar aquele papel? Talvez por um inconfessável ciúme, pois, se bem me lembro, na mesma hora pareceu-me evidente que o que aquela caligrafia pueril tinha deixado impresso no papel era a última e insuperável expressão de tudo o que procurei dizer depois, à qual eu nunca poderia ter a esperança de igualar.

✳

O que vem a seguir não é a reconstrução desse escrito — o que certamente seria impossível — mas sim uma tentativa de reflexão sobre uma falta dupla. A folha perdida continha, na verdade, a memória de uma outra lacuna, em torno da qual meu pensamento foi se enredando e se complicando. Tudo o que eu escrevi depois nada mais foi que uma compensação pelo esquecimento daquele papel, que passou a penetrar como um branco central todos os meus escritos, a marcar uma perda imemorial em toda reminiscência. Esse imperceptível tempo perdido era minha única real lembrança. E dele talvez eu pudesse me aproximar, mas com a condição — se era esse o não dito que tinha tornado possível meu discorrer exagerado — de deixá-lo de algum modo irreconhecível — delineado, mas não definido, revelado, mas não proferido. Era essa, ou ao menos me parecia que era, a única forma de me manter fiel àquele escrito agora já lendário, o qual quis perder e por cuja falta inconscientemente me culpava.

*

Mas para um autor é possível — e a que preço — tentar agarrar o próprio não dito? Pois que o modo como um autor — se o termo for compreendido em seu significado latino de «testemunha» — deixa aparecer o seu não dito sem formulá-lo certamente define a qualidade de tudo o que diz. Pode-se dizer, aliás, que em todo livro há um centro e que para distanciar-se dele — para deixá-lo não dito e intocado, mesmo dando testemunho — esse livro foi escrito. Ter a intenção de agarrar aquilo que deve se manter silenciado significa um declínio da própria qualidade de autor-testemunha para adquirir o estatuto jurídico de autor-proprietário.

*

Isso significa que justamente o que eu queria pensar e dizer ficou impensado e não dito — ou dito de forma oblíqua — em tudo o que escrevi, que aquele inabitável quarto de segundo está de certa forma engastado no centro de tudo o que vivi. E não poderia ser diferente. Se eu tivesse realmente tentado ultrapassar o limiar do silêncio que acompanha todo pensamento, não teria escrito nada. Seja como for, é decisiva a relação ética que o sujeito empreende com o seu não dito e com o seu não vivido, o limite incerto entre o que pôde escrever e o que podia apenas calar.

*

Cada um de nós existe em um estado de complicação no qual tudo está envolto em si mesmo, de modo a manter toda manifestação inaparente e toda palavra inefável e, ao mesmo tempo, cada um de nós existe em um gesto, por assim dizer, desenvolto, no qual tudo está plenamente aberto e explicado. É dessa forma que devemos entender a tese panteísta segundo a qual todas as coisas complicam-se em Deus e Deus desdobra-se em todas as coisas. As duas realidades são contemporâneas a qualquer instante, de forma que o segredo está sempre exposto, à plena luz e, ao mesmo tempo, o que é revelado parece afundar e quase se afogar dentro de si, em direção a um centro inexplicável.

*

Esses dois movimentos — em Deus e em nós mesmos — estão em contato, isto é, estão separados somente por uma ausência de representação. Por isso é correto dizer que não há segredo algum nem em Deus, nem em nós — ou, melhor ainda, o segredo é que não há nenhum segredo, mas apenas uma complicação que se explica e uma explicação que se complica e se envolve em si mesma. No ponto de contato — quando toda e qualquer representação deixa de existir — há somente júbilo e esplendor. Mas se, como sempre acontece, fizermos novamente uma representação disso — e como poderíamos não fazer? — mais uma vez afundaremos e nos envolveremos em nós mesmos.

*

Porque o ser perde-se em seus modos assim como os modos perdem-se no ser. No ponto em que nos explicamos na aparência e nos movemos em Deus, nos esquecemos de nós mesmos e nos perdemos, assim como Deus, perdendo-se em nós, se esquece de si próprio. O que se perde é de Deus e, todavia, segundo a lenda, Iblis — e nós com ele — choramos incessantemente pelo que perdemos.

*

É por isso que foi corretamente dito que, qualquer seja o escopo para o qual fomos criados, não fomos criados para o sucesso, que o destino a nós concedido é fracassar: em toda arte e estudo, assim como, e sobretudo, na casta arte do bem viver. E, todavia, é exatamente isso — se formos capazes de compreendê-lo — o melhor que nós podemos fazer.

*

O que eu procurava é este vazio, este lacunoso contato entre complicação e desenvoltura, exposição e abismo, penumbra e esplendor, ali onde o segredo se mostra sob uma claridade tão límpida que se torna simples e impenetrável como uma adivinha infantil ou uma cantiga de roda. Era esse o vazio central em torno do qual meu pensamento andara se envolvendo, a bendita, inabitá-vel lacuna que desde o início, ao escrever, não podia não deixar informulada.

VERSALETE

1. CLARA SCHULMANN *Cizânias*
2. JAN BROKKEN *O esplendor de São Petersburgo*
3. MASSIMO CACCIARI *Paraíso e naufrágio*
4. DIDIER ERIBON *A sociedade como veredito*
5. LOUIS LAVELLE *O erro de Narciso*
6. CAROLIN EMCKE *Sim é sim ...*
7. LAURENT DE SUTTER *A arte da embriaguez*
8. GIORGIO AGAMBEN *Coisas que vi, ouvi, aprendi ...*

Dados Internacionais de Catalogação na Publicação (CIP)
(Câmara Brasileira do Livro, SP, Brasil)

Agamben, Giorgio
     Coisas que vi, ouvi, aprendi -- / Giorgio
Agamben ; [tradução Julia Scamparini]. --
Belo Horizonte, MG : Editora Âyiné, 2023.

     Título original: Quel che ho visto, udito, appreso --
     ISBN 978-65-5998-096-3

1. Filosofia I. Título.

23-161052   CDD-100

Índices para catálogo sistemático:
1. Filosofia 100
Aline Graziele Benitez - Bibliotecária - CRB-1/3129

Composto em Argesta e Kepler
Belo Horizonte, 2023